CATALOGUE

D'UNE COLLECTION

de

TABLEAUX

DESSINS, ESTAMPES & LITHOGRAPHIES

Formant le Cabinet de M. S*** [Commelin]

DONT LA VENTE AUX ENCHÈRES PUBLIQUES AURA LIEU

HOTEL DES COMMISSAIRES-PRISEURS, RUE DROUOT, 5

SALLE N° 5

Le Mercredi 29 Novembre 1865

A DEUX HEURES TRÈS-PRÉCISES

Par le ministère de Me **CHARLES PILLET**, Commissaire-Priseur,
rue de Choiseul, 11,

Assisté de M. **CLEMENT**, marchand d'estampes de la Bibliothèque impériale,
rue des Saints-Pères, 3,

Chez lesquels se distribue le présent Catalogue.

EXPOSITION PUBLIQUE

*Le Dimanche 26 Novembre 1865, de une heure à cinq heures, collectivement
avec les curiosités faisant partie du même cabinet.*

ORDRE DE LA VENTE

Paris. — Imp. PILLET fils aîné, rue des Grands-Augustins, 5.

DÉSIGNATION
DES OBJETS

Tableaux anciens et modernes

BARON (H.)

1 — Nature morte.

Lièvre et animaux de chasse.

Sur bois.

BÉRANGER. D'après MURILLO.

·2 — Sainte Justine et sainte Rufine, patronnes de Séville.

Sur toile.

3 — L'Éducation de la Vierge.

Sur toile.

CICERI (E.)

4 — Paysage; sur le milieu se voient deux hommes pêchant.

Sur toile.

COLIN. D'après REMBRANTD.

5 — L'Ange qui disparaît devant la famille de Tobie.

Sur bois.

COLIN. D'après RIBERA.

6 — Adoration des Bergers.

Sur toile.

COLIN. D'après RUBENS.

7 — Jésus en croix entre les deux larrons; à ses pieds est la Madeleine.

Sur toile.

COLIN. D'après SOLIMÈNE.

8 — Composition d'Anges pour un plafond.

Sur toile.

COLIN. D'après TITIEN.

9 — L'Ensevelissement du Christ.

Sur toile.

CRÉPIN

10 — Entrée d'un bois ; dans le fond quelques figures.

Sur bois.

CUYP (A.)

11 — Portrait d'une dame de distinction.

Sur bois.

DYCK (ANT. VAN)

12 — Portrait d'un personnage anglais de l'époque Louis XIII.

Petit ovale sur bois.

DYCK (VAN). Ecole de.

13 — Portrait d'homme.

Sur bois.

DROUAIS

14 — Portrait de jeune femme tenant un crayon.

Ovale sur toile.

ENGELBRECHT

15 — La Vierge donnant le sein à l'Enfant Jésus.

Sur bois.

ÉCOLE ALLEMANDE, 1558.

16 — Portrait d'homme.

Sur bois.

ÉCOLE ALLEMANDE, 1568.

17 — Portrait d'homme.

Sur bois.

ÉCOLE ANGLAISE

18 — Portrait de jeune femme en costume de la cour de Henri VIII, présumée être Anne de Boleyn.

Sur bois.

ÉCOLE FRANÇAISE

19 — Portrait de jeune femme de la cour de Henri IV.

Sur bois.

20 — Paysage avec ruines.

Sur cuivre.

ÉCOLE HOLLANDAISE

21 — Vue sur le bord d'un canal.

Sur bois.

FRANCK (F.)

22 — Jésus-Christ en croix entre deux larrons, entouré d'un grand nombre de figures.

Sur cuivre.

23 — Jésus tombé sous le poids de sa croix.

Sur cuivre.

24 — La Vierge et l'Enfant Jésu au milieu de plusieurs Anges.

Sur cuivre.

GOLTZUIS. École de.

25 — Portraits de François de Grenet et de Baudouine Dardelet, sa femme.

Deux jolis petits portraits.

Sur cuivre.

HOLBEIN (Hans)

26 — Portrait en pied d'un théologien; au dos du tableau, une résurrection peint en détrempe.

Tableau très-important.

Sur bois.

27 — Portrait de Joannes Steiman, âgé de 33 ans en 1574.

Sur bois.

JONES (G.), 1811.

28 — Halte de cavaliers à la porte d'une auberge.

Sur bois.

MIREVELT (M.)

29 — Portrait de dame de distinction.

Sur toile.

MIREVELT (M.)

30 — Jean, comte de Nassau.

Petit médaillon sur argent.

MICHEL

31 — Vue de pays d'une large étendue; à gauche, des moulins sur une colline.

Sur bois.

PORBUS (F.)

32 — Portrait de seigneur hollandais.

Sur bois.

33 — Portrait d'une dame de distinction.

Sur bois.

ROUSSEAU (Th.)

34 — Lisière d'un bois; sur le devant, un étang.

Sur toile. Signé.

SAFT-LEVEN (H.)

35 — Château fortifié sur les bords du Rhin.

Signé et daté 1668.

Sur cuivre.

SWEBACH

36 — Halte de cavalerie. Deux petits tableaux faisant pendants.

Sur bois.

TOURNIÈRE

37 — Portrait de femme.

Sur toile.

38 — Portrait d'homme.

Sur toile.

VANDER MEULEN, 1699.

39 — Marche d'un convoi militaire.

Sur toile.

WYLD (W.). Signé.

40 — Intérieur de forêt, où se voient deux paons.

Sur bois.

Petites miniatures à l'huile des XVIe et XVIIe siècles [1]

41 — Portrait de Henri IV.

Sur cuivre.

42 — Marie de Médicis.

Sur cuivre.

43 — Isabelle-Claire-Eugénie, gouvernante des Pays-Bas.
Dans un cadre en bois sculpté.

Sur cuivre.

44 — Portrait de femme avec collerette.

Sur cuivre.

45 — Buste de jeune femme.

Sur cuivre.

46 — Portrait d'homme avec collerette.

Sur cuivre.

47 — Personnage avec collerette.

Sur cuivre.

1. Les miniatures du n° 41 au n° 60 seront vendues le mardi 28 novembre avec les autres objets d'art faisant partie de la même collection.

48 — Portrait d'homme avec collerette; au verso sont les armoiries du personnage.

Sur cuivre.

49 — Portrait d'homme de l'époque Louis XIII.

Sur argent.

50 — Portrait d'homme de l'époque Louis XIII.

Sur cuivre.

51 — Portrait de jeune homme en habit brodé d'or.

Sur argent.

52 — Personnage avec perruque et collerette.

Sur cuivre.

53 — Portrait de femme.

Sur argent.

54 — Portrait de jeune homme.

Sur bois.

55 — Portrait de jeune homme.

Sur cuivre.

56 — Portrait de femme.

Sur argent.

57 — Autre Portrait de femme.

Sur argent.

58 — Portrait de religieux.

Sur cuivre.

59 — Deux petits Portraits d'hommes.

Sur cuivre.

60 — Trois petits Portraits d'hommes.

Sur vélin.

Dessins.

BARON (HENRI)

61 — Turc étendu sur un divan.

A l'aquarelle. Signé.

BONNINGTON. Attribué à.

62 — Marine.

A l'aquarelle.

BOISSIEU (J.-J. DE)

63 — Vieillard vu presque de face, un bonnet sur la tête. — Vieille, dite *la Boudeuse*.

Deux dessins à la sanguine ; ils ont été gravés par l'artiste.

CATTERMOLE (G).

64 — Prédication devant un grand nombre de personnages dans une église gothique.

A l'aquarelle.

CHARDIN

65 — Petit Paysage ; au milieu quelques figures.

A l'aquarelle.

CICÉRI (Eugène)

66 — Intérieur d'une forge.

Au fusain, rehaussé de blanc sur papier de couleur, signé.

HOGUET (C.)

67 — Moulin au bord d'un lac.

Aquarelle. Signée.

68 — Marine.

Aquarelle. Signée.

HUBERT

69 — Quatre Études d'arbres et de paysages.

A la mine de plomb, rehaussés. Cet article sera divisé.

JOYANT (J.)

70 — Vue de la Salute et d'une partie du grand Canal, à Venise.

Dessin capital à la plume, lavé à l'encre de Chine, provenant de la vente de l'artiste.

ISABEY (E.)

71 — Navire sur une mer agitée.

Aquarelle.

LANCRET (N.)

72 — Petite Pastorale.

A la sanguine.

NOEL

73 — Marine au clair de lune.

Gouache. Signée.

NOËL

74 — Mer par un temps calme, animée de vaisseaux.

Pendant du précédent.

Gouache. Signée.

Estampes et Portraits anciens

BERVIC (C.)

75 — Senac de Meilhan (G.), d'après Duplessis.

Belle épreuve.

DURER (Albert)

76 — La Passion de Jésus-Christ. — Suite de 16 estampes. (B. 3—18.)

Superbes épreuves. Collection Poggi.

77 — La Vierge au singe. (B. 42.)

Très-belle épreuve; le verso est couvert d'une écriture du temps.

DURER (ALBERT)

78 — Saint Georges à pied. (B. 53.)

Très-belle épreuve. Collections Poggi et Debois.

79 — Saint Jérôme dans sa cellule. (B. 60.)

Très-belle épreuve ; mais elle est remargée.

80 — Le Cheval de la Mort. (B. 98.)

Superbe épreuve.

DYCK (ANTOINE VAN)

81 — Le Christ au roseau.

Très-belle épreuve du premier état, avant les mots : *Et fecit aqua forti*, après le nom de l'artiste et avant les mots : *Regis* après *Cum privilegio*

DREVET (CLAUDE)

82 — Vintimille (Charles-Gaspard), archevêque de Paris, d'après Rigaud.

Très-belle épreuve du premier état, avant les contre-tailles sur la bordure gauche, près du milieu des cordons.

DREVET (Pierre)

83 — Beauveau (René), archevêque de Narbonne, d'après Rigaud.

Superbe épreuve; elle a toute sa marge.

84 — Nemours (Marie, duchesse de), d'après Rigaud.

Belle épreuve.

85 — Rigaud (Hyacinthe), d'après lui.

Belle épreuve avant l'année 1721.

86 — Toulouse (Louis Alexandre de Bourbon, comte de), d'après Rigaud.

Très-belle épreuve.

87 — Villars (Louis Hector, duc de), maréchal de France, d'après Rigaud.

Très-belle épreuve du deuxième état avec l'inscription en neuf lignes.

DREVET (Pierre-Imbert)

88 — Bossuet (Jacques-Bénigne), évêque de Meaux, d'après Rigaud.

Très-belle épreuve avant les points ajoutés après le mot *pinxit*.

DREVET (Pierre-Imbert)

89 — Cotte (Robert de). architecte, d'après Rigaud.

Superbe épreuve avant le mot *architecte* et avant divers travaux sur le visage, la perruque et la cravate du personnage ; elle a de la marge. Collection Vanden Zande.

90 — Le même Portrait.

Très-belle épreuve avec les changements indiqués dans l'épreuve précédente ; elle a de la marge. Collections Debois et Vanden Zande.

91 — Monseigneur de Tressan, archevêque de Rouen, à genoux aux pieds de la Vierge. Pièce connue sous le nom du Petit Bréviaire.

Très-belle épreuve ; elle a de la marge.

EDELINCK (Gerard)

92 — Champagne (Philippe de), peintre du roi. (R. D. 161.)
Très-belle épreuve du premier état.

93 — Ferdinand, évêque de Paderborn, d'après Mignard. (202.)

Superbe épreuve du premier état. Collection H. de Lasalle.

GOLTZIUS (Henri)

94 — N. de la Faille, gentilhomme des Pays-Bas. (B. 212.) Superbe épreuve du 1ᵉʳ état, avant l'inscription : *Herman Adolfz excudit. Harlem.* Très-rare. — Portrait de dame (c'est l'épouse du précédent). (B. 213.) Très-belle épreuve. 2 pièces faisant pendants.

GREUZE. D'après.

95 — L'Accordée de village, par Flippart.
Belle épreuve.

JODE (P. DE *excudit*)

96 — Ambroise Spinola. In-4.
Belle épreuve.

LE BAS (J.-PH.)

97 — La Game d'amour, d'après Watteau.
Belle épreuve.

LÉPICIÉ

98 — Louis de Boullongne, peintre, d'après Rigaud.
Belle épreuve.

LEU (Thomas de)

99 — Marie de Médicis, reine de France. In-8. — Joli Portrait dans une bordure ornementée.

Belle épreuve.

MASSARD (J.)

100 — Charles Ier et sa famille, d'après Van Dyck.

Belle épreuve.

MASSON (Antoine)

101 — Henri de Lorraine, comte d'Harcourt, d'après Mignard.

Très-belle épreuve du premier état, avant le n° 4, dans la marge, à gauche, et avant le trait échappé sur le front.

MORIN (Jean)

102 — Bentivoglio (Guido), cardinal, d'après Van Dyck. (B. D. 43.)

Superbe épreuve.

103 — Chrystin (R.), d'après Van Dyck. (54.)

Superbe épreuve. Collection H, de Lasalle.

MORIN (Jean)

104 — Grimberghe (Honorine de), comtesse de Bossu, jeune. (56.)

Belle épreuve.

105 — Maugis des Granges (Pierre), d'après, Ph. de Champagne (67.)

Superbe épreuve. Collection H. de Lasalle.

106 — Tubœuf (Jacques), d'après Ph. de Champagne. (80.)

Belle épreuve.

107 — Vitré (Antoine), d'après Ph. de Champagne. (88.)

Très-belle épreuve.

NANTEUIL (R.)

108 — Suze (Louis de), évêque de Viviers (R. D. 227).

Très-belle épreuve du premier état.

RAPHAEL. D'après.

109 — La sainte Famille, gravé par Desmadryl.

Épreuve avant la lettre, toute marge.

REYNOLDS (S, W.)

110 — Portrait de la duchesse de Bedford, d'après Hoppner. — Portrait d'homme, par Dixon. — Portrait de lady Vernon Harcourt. 3 pièces.

SAINT-AUBIN (A.)

111 — Le Kain (Louis), célèbre comédien, d'après Lenoir.

Très-belle épreuve avant la lettre; elle a toute sa marge.

SCHMIDT (G.-F.)

112 — Mignard (Pierre), d'après lui-même.

Superbe épreuve avant l'astérisque au milieu de la marge du bas de l'estampe.

113 — Portrait de Rembrandt, d'après lui-même.

Très-belle épreuve.

114 — Buste d'homme, d'après Rembrandt.

Très-belle épreuve.

SMITH (J.-R.)

115 — Georges, prince de Galles, en pied, près de son cheval, d'après Gainsborough.

Épreuve avant la lettre.

116 — Le même Portrait.

Épreuve avec la lettre.

STRANGE (R.)

117 — Charles 1er en pied près de son cheval. — Henriette
d'Angleterre avec ses enfants. Deux portraits d'après
Van Dyck.

Belles épreuves.

TARDIEU (P-A.).

118 — Henri IV, d'après Janet et Porbus. — Le Comte d'A-
rundel, d'après Van Dyck. 3 pièces.

WILLE (J.-G.)

119 — Phelipeaux, comte de Saint-Florentin, d'après Tocqué.

Très-belle épreuve avant le mot *ministre* et avec les mai lets
blancs.

WILLE (J.-G.)

120 — Massé (J. B.), d'après Tocqué.

Très-belle épreuve.

---

121 — Tableaux des maîtres et marchands tapissiers, vendeurs de meubles en neuf et vieux, et miroitiers de la ville et fauxbourgs de Paris, pour l'année 1778.

Grande pièce avec un frontispice aux armes du roi.

Lithographies et Eaux-fortes

BONNINGTON

122 — Tombeau de Marguerite de Bourbon dans l'église de Brou, sur chine. — L'antiquaire, gravé par Reynolds. 2 pièces.

CHARLET (N.-T.)

123 — Onze costumes de la Garde impériale, épreuves en noir; Six croquis à la plume. Ensemble, 17 pièces.

DUPONT (Henriquel)

124 — Portrait du marquis de Pastoret, d'après Paul Delaroche.

Épreuve d'artiste, sur chine.

ISABEY. D'après.

125 — Madame Dugazon, gravé par Monsaldy. — Flirtilla, Narcissa, deux portraits de femmes anglaises gravés par Smith. 3 pièces imprimées en couleur.

MARVY (L.)

126 — Paysages, d'après Rembrandt. 10 pièces sur chiné. — Le Gué, d'après J. Dupré.

MERYON (C.)

127 — Le Petit Pont. 1830. 1er état, avant les initiales du graveur. — Tourelle de la rue Tixéranderie, démolie en 1851. — Église Saint-Étienne du Mont.

Ces trois épreuves sont avant la lettré, sur papier de Chine.

RAFFET (D.-M.)

128 — Combat d'Oued-Alleg.

Superbe épreuve sur chine.

129 — Prêts à partir pour la Ville éternelle; Sapeurs, mineurs, deux pièces sur le siége de Rome. — Le Capitaine de génie Th. Le Blanc, blessé à mort dans une rue de Constantine; Bonaparte monté sur un chameau. 4 pièces.

ROGER (B.)

130 — Aminte, d'après Prudhon.

Superbe épreuve du premier état, avant le mot *Aminta* placé au milieu de la marge supérieure; elle est sur papier de Chine. Très-rare. Collection Vanden Zande.

131 — Vingt-huit sujets tirés de divers cabinets et lithographiés par Mouilleron, Soulange-Tessier, E. Le Roux et autres, d'après Decamps, Meissonnier, Géricault, Isabey et autres; plus trois eaux-fortes par Jacques, deux par J. Buddens, et une lithographie par Gavarni. Ensemble 34 pièces.

132 — Un lot de lithographies par H. Vernet, E. Isabey, Athalin et autres. 12 pièces.

133 — Compositions d'après les vieux maîtres de l'Ecole alle-
mande, tirées de la galerie de Munich, lithographiées par
Strixner. 6 pièces.

134 — Route de Saint-Cloud, Route de Poissy, Les Aveugles,
Les Chevaux de bateau, Les Joueurs de boule, La Course
anglaise, Le Courrier anglais, d'après C. et H. Vernet, par
Debucourt. 7 pièces imprimées en couleur.

135 — Costumes des Anglais à Paris en 1815, d'après C. Vernet, par Debucourt. 8 pièces imprimées en couleur.

136 — Costumes des incroyables et merveilleuses, gravés par
Gatine, d'après H. Vernet.

137 — Douze vignettes anglaises avant et avec la lettre, sur
chine.

138 — Sous ce numéro seront vendus les articles non catalo-
gués.

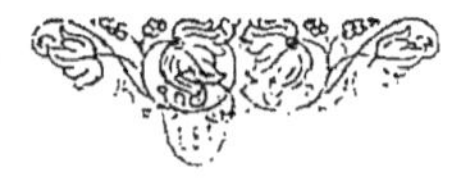